Paula Veiga

COMPÊNDIO DE CIDADANIA POLÍTICA

Singela homenagem aos Constituintes Jorge Miranda e Vital Moreira

Imprensa da Universidade de Coimbra

Coimbra University Press

COMPÊNDIO DE **CIDADANIA POLÍTICA**

SINGELA HOMENAGEM AOS CONSTITUINTES JORGE MIRANDA E VITAL MOREIRA

PAULA VEIGA

Sumário

0. Explicação do mote para este pequeno livro

Às 16 horas e 12 minutos do dia 2 de junho de 1975, o Presidente Interino da Assembleia Constituinte, Henrique de Barros, declarou aberta a sessão inaugural do primeiro Parlamento português eleito por sufrágio livre e universal no dia 25 de abril anterior, um ano após a Revolução de 1974. Dez meses depois do início dos trabalhos da Assembleia Constituinte, a 2 de abril de 1976, foi aprovada a Constituição da República Portuguesa de 1976. Duas das pessoas que integraram a Assembleia Constituinte fizeram, por motivos diferentes, parte da nossa vida académica. Um enorme privilégio, portanto!

Daí que, ao pensar em escrever um texto dirigido aos estudantes de 1.º Ciclo sobre a *constituição política* no quadro da Constituição da República Portuguesa de 1976 (CRP de 1976) dediquemos este escrito a dois dos membros da 5.ª Comissão da Assembleia Constituinte, justamente a Comissão destinada a elaborar as normas relativas à organização do poder político - os Profs. Doutores Jorge Miranda e Vital Moreira. Os dois Professores foram, também, membros da Comissão de Redação da Constituição, cujo trabalho foi imenso. Este é um gesto simbólico de saudação às combatividade e inteligência de dois dos protagonistas da Constituinte, que testemunha o nosso singelo agradecimento pela vitória da liberdade e da democracia.

Passados 50 anos sobre a entrada em vigor da Constituição de 1976 - já mudámos *inclusive* de século - urge que os olhos «constitucionais» (sobretudo os dos mais jovens) se virem para a questão da organização do poder político. Com efeito, na sequência da entrada em vigor da Constituição de 1976, verificou-se uma euforia de estudos constitucionais sobre a matéria dos direitos, euforia perfeitamente justificada após mais de quarenta anos sob um regime e uma constituição de poucos direitos. Mas, agora, passados 50 anos, e já no século XXI, é essencial que olhemos para o outro «coração» de uma Constituição, além da parte dos direitos, precisamente, a matéria da organização do poder político. Com efeito, entre os dois «corações» de uma Constituição - a garantia dos direitos e a organização do poder (recorde-se o clássico art. 16 da Declaração dos Direitos do Homem e do Cidadão: «A sociedade em que não esteja assegurada a garantia dos direitos nem estabelecida a separação dos poderes não tem Constituição») - houve, nestes 50 anos, um desequilíbrio a favor dos direitos. É tempo de olhar para o poder político e para a sua organização na CRP de 1976. Apesar de este ser um tempo da IA e dos *chatbots*, entendemos que os anos de lecionação do tema podem ter uma valia acrescida. Tal não obsta a que, sempre que possível, proponhamos um exercício prático para as matérias que vão sendo expostas com recurso a meios digitais oficiais. Impõe-se uma última nota sobre a reduzida extensão deste escrito. Seguramente muito mais haveria a escrever sobre este importante tema. Mas o propósito das páginas que se seguem é a de servir de apoio a um dos capítulos lecionados no 1.º Ciclo da Licenciatura em Direito. Por isso, se optou por reduzir a extensão. Entrar em mais detalhes sobre a organização do poder político extravasaria o intuito deste Compêndio de Cidadania Política.

1. «Quebrar o gelo» sobre a *constituição política*: conceitos básicos e notas gerais sobre a CRP de 1976

1.1 Considerações gerais

O estudo do direito constitucional organizatório - isto é, da parte da CRP de 1976 dedicada ao poder político - revela-se uma árdua tarefa para estudantes de 1.º Ciclo. É o que nos prova a experiência de sensivelmente vinte anos de lecionação. Os conceitos são mais abstratos e, por isso mesmo, mais difíceis de apreender. Por outro lado, o que é preocupante, o exercício da cidadania política não é muito comum entre jovens de cerca de dezoito anos. Mas, a constituição organizatória (isto é, a parte relativa à organização do poder político) é uma componente clássica das constituições, porque elas nasceram, não só, mas também, para regular os órgãos do Estado e disciplinar o exercício do poder político.

A Constituição de 1976 é uma constituição democrática, ou seja, por definição, é um instrumento de regulação e disciplina da democracia em Portugal. Com efeito, é a Constituição que define, entre outros, os direitos políticos fundamentais, as formas de expressão política democrática, as regras essenciais do regime eleitoral e do referendo ou as normas de seleção e designação dos titulares de cargos políticos. Por isso, as páginas que se seguem tratam das formas de acesso ao poder, do seu exercício no quadro da CRP de 1976, da organização dos poderes (Legislativo, Executivo e Judicial), dos direitos políticos, entre outros assuntos em particular. O intuito é descomplicar, mas, ao mesmo tempo, fornecendo uma leitura não fragmentada das normas da CRP de 1976 no que respeita à constituição organizatória. Damos um exemplo. Estudar o sistema de Governo implica compreender também as competências dos três órgãos de soberania que para ele contribuem (ou seja, as competências do Presidente da República, da Assembleia da República e do Governo), porque o sistema de Governo só se capta a partir das relações que se podem estabelecer entre esses órgãos.

Dissemos acima que a Constituição de 1976 é uma constituição democrática. Mas, o conceito de democracia é muito complexo e pode ter vários atributos: Portugal é uma democracia representativa, é uma república constitucional, é uma república democrática, etc.. A dilucidação de todos estes conceitos obrigaria a um estudo mais detalhado da história das ideias políticas e este não é o local apropriado para o fazer.

Daremos apenas, porque muito importante, uma clássica definição de democracia. Trata-se de um regime de governo em que o poder de tomar as grandes decisões se encontra nas mãos dos cidadãos (*«poder do povo, pelo povo, para o povo»*). Claro que também nesta matéria estamos perante um conceito com muitas utilizações. Constituem exemplo disso as aceções de democracia formal, de democracia política, de democracia representativa, de democracia direta, de democracia participativa e de democracia económica, social, cultural, além de outras, como se comprova logo pelo artigo 2.º da CRP de 1976.

Por isso, partamos da seguinte noção, bem mais simples: a República portuguesa, baseada no princípio democrático, requer um conjunto de procedimentos, nos quais se incluem o controlo do poder através de instituições legítimas, a convocação de atos eleitorais tendentes a assegurar a participação de todos os cidadãos, a existência de partidos políticos e a transparência no funcionamento do sistema eleitoral.

Já dissemos, mas voltamos a enfatizar. O estudo destas matérias é de difícil captação por estudantes de 1.º ano porque obriga a lidar com conceitos de teoria política, ciência política e direito constitucional, conceitos nem sempre facilmente conciliáveis, como o são os de *soberania, Estado, democracia* e *representação.* Estes conceitos não são sempre facilmente conciliáveis porque os filões histórico-culturais nem sempre são os mesmos e a mesma palavra pode significar coisas diferentes em contextos distintos.

Para organizar o poder político, o Estado dispõe de um grande número de órgãos, podendo, para a sua classificação, utilizar-se vários critérios, designadamente *políticos, funcionais* ou *normativos.*

Usemos o critério normativo.

Olhando para a CRP de 1976, há três órgãos (Presidente da República, Assembleia da República e Governo), que, segundo o critério funcional, exercem, além de outras, funções políticas.

Já se vê por que se trata de uma matéria de difícil apreensão. Conceitos operatórios como os de *órgão, competência, poder(es), função, procedimento* ou *responsabilidade* são, à primeira vista, realidades estranhas e hão-de ser estudados em outras disciplinas jurídicas, nomeadamente em Direito Administrativo. Por outro lado, alguns dos autores clássicos que nos ajudam a compreender o conceito de Estado Moderno, como Maquiavel, Jean Bodin, Thomas Hobbes, John Locke, Montesquieu ou Rousseau são de leitura difícil. Daí que, para efeitos pedagógicos vocacionados para estudantes de 1.º Ciclo, tenhamos decidido, numa primeira aproximação, e sem prejuízo de eventuais (e desejáveis) aprofundamentos teóricos e conceituais, partir da ideia mais simples de que, nos dias de hoje, a grande maioria dos Estados, a par de pouquíssimas exceções, é regida por Constituições, que determinam uma legitimação de poder estruturado pelo ordenamento jurídico e que vinculam governantes e governados. Também assim é com a Constituição portuguesa. É por isso que as características para buscarmos os conceitos de regime político e sistema político podem ser encontradas na Constituição, que fundamenta o poder dos governantes e disciplina juridicamente a sua organização, bem como as suas relações com os governados, tudo regido por um estatuto que disciplina o poder político estadual e as relações dos cidadãos e da sociedade com esse poder. Isso é uma Constituição e são essas as caraterísticas que se podem encontrar nas páginas que se seguem.

1.2. Primeiro contacto com a CRP de 1976

Tudo começou em 1974, com a revolução do 25 de Abril. Claro que o sistema político português é o que se encontra definido na CRP de 1976, mas a sua génese teve a influência do acordo estabelecido entre os militares do Movimento das Forças Armadas (MFA) e os partidos políticos representados na Assembleia Constituinte (o que se designa por Pactos MFA/Partidos). Os estudantes podem encontrar um excelente súmula na página do parlamento português em https://app.parlamento.pt/comunicar/V1/202104/72/artigos/art2.html.

A parte organizatória ou de organização do poder político é a parte mais extensa da CRP de 1976. Tem como pressupostos os princípios político e jurídico-constitucionais enunciados logo nos «Princípios fundamentais» da CRP 1976, como o princípio do Estado de direito democrático, o princípio republicano, o princípio unitário, os princípios da constitucionalidade e da legalidade. Por isso, os estudantes devem começar por ler os primeiros 11 artigos da Constituição. Os princípios democrático e da constitucionalidade voltam a encontrar expressão no artigo com que enceta a Parte III - artigo 108.º (Titularidade e exercício do poder): «O poder político pertence ao povo e é exercido nos termos da Constituição».

A Parte III da Constituição, intitulada *Organização do poder político* divide-se em dez títulos. Primeiro vêm os «princípios gerais» (Título I), uma divisão introdutória que se encontra em quase todas as demais grandes «partes» da CRP de 1976. Depois, vêm os títulos dedicados aos órgãos de soberania, começando pelo Presidente da República (Título II), passando pela Assembleia da República (Título III) e pelo Governo (Título IV) e terminando nos Tribunais, que são distribuídos por dois títulos, um sobre os tribunais em geral (Título V) e outro especificamente sobre o Tribunal Constitucional (Título VI). Nos restantes títulos, aparecem as entidades territoriais infraestaduais, isto é, as Regiões Autónomas (Título VII) e o Poder local (Título VIII). A encerrar, são reguladas a Administração Pública (Título IX) e a Defesa Nacional (Título X).

Nesta primeira apresentação importa salientar que a CRP de 1976, na sua configuração atual, já sofreu 7 revisões constitucionais (RC) e algumas dessas alterações foram introduzidas na Parte da *constituição organizatória* ou *política*. Salientaremos apenas as mais relevantes e transformadoras.

Na primeira RC, em 1982, a que mais profundamente alterou esta Parte, assinalamos:

- a eliminação do Conselho da Revolução (um importante órgão de soberania no sistema originário da Constituição) e a criação de novos órgãos (o Conselho de Estado e o Tribunal Constitucional);
- modificações no que respeita ao sistema de Governo, por efeito da eliminação do Conselho da Revolução.

Na segunda RC, em 1989, destacamos:

- introdução de um mecanismo de democracia semi-direta (o referendo);
- redução do número de deputados;
- admissibilidade da criação de um círculo eleitoral nacional nas eleições para a Assembleia da República;
- constitucionalização dos tribunais administrativos e fiscais;
- inserção de um título autónomo (o Título VI), exclusivamente dedicado ao Tribunal Constitucional.

1.3. O importante princípio da separação e interdependência dos poderes

Vamos partir de um princípio essencial, sem o qual toda a Parte III da CRP de 1976 não faz sentido. Recordemos primeiro que, na sua origem, as constituições visavam organizar e limitar juridicamente o poder político, através da separação de poderes, bem como garantir a propriedade e a liberdade dos particulares contra esse mesmo poder.

O princípio essencial a que nos referimos é, pois, o princípio da separação e interdependência dos poderes, que tem a sua conformação jurídico-constitucional no art. 111.º da CRP. Trata-se de um princípio orgânico-institucionalmente referenciado, uma vez que a CRP se refere a órgãos (veja-se o artigo 111.º, n.º1), mas que foi institucionalmente concebido e é funcionalmente orientado. Por outras palavras, a CRP de 1976 refere-se a funções e não a órgãos. Vejamos o caso do órgão *Governo*. Nos artigos 197.º, 198.º e 199.º o que encontramos são funções deste órgão. Claro que há sempre uma relativa adequação entre órgãos e funções, porque a cada órgão corresponde uma função essencial, mas não há equivalência entre a atividade orgânica e uma função (por exemplo, a função política ou a função legislativa, que podem ser exercidas por mais do que um órgão). Pode assim afirmar-se que há órgãos de soberania com várias funções e funções exercidas por vários órgãos de soberania.

Nestes termos, podemos afirmar que não há uma separação absoluta. A CRP refere-se a interdependência. Temos três órgãos com poder político, além do poder judicial. Assim, os termos da separação e da interdependência são os que decorrem das normas da CRP, não podendo ser alterados por lei nem subvertidos pela prática política.

Uma nota histórica adicional impõe-se ainda neste contexto. Como nos ensina, entre outros, Jorge Miranda em vários escritos, o conceito de órgão (órgão do Estado) surgiu no século XIX, em razão de dois movimentos distintos: o constitucionalismo, com a «multiplicação de centros de poder, e a manifestação, no interior do Estado, de diferentes interesses e posições políticas» e o organicismo germânico, «com a sua concepção do fenómeno estadual como princípio vital e integração de vontades». Ora, se, por um lado, o primeiro movimento estava a orientar-se para a pluralidade, o segundo tendia para a resposta única. Já se vê que a evolução histórica deste princípio no quadro de dois movimentos em sentido contrário haveria de complicar a própria configuração do princípio...

Não se pense que falar de órgão é simples. Com efeito, um só órgão pode conter em si quatro elementos, a saber: a) a *instituição* (a ideia de obra que se realiza e perdura no meio social); b) a *competência* (complexo de poderes funcionais cometidos ao órgão); c) o *titular* (pessoa física ou conjunto de pessoas físicas que, num momento concreto, corporizam a instituição e formam a vontade que há de corresponder ao órgão); d) o *cargo* ou *mandato*, quando se trate de órgão eletivo (o papel institucionalizado do titular do órgão que se traduz em situações subjetivas, ativas e passivas). Assim, por exemplo, a *instituição* Presidência da República tem várias *competências*, tem um *titular* que é eleito por cinco anos e que exerce o seu *mandato* no quadro da Constituição. Mais complexas serão outras classificações, entre elas as classificações estruturais (saber se estamos perante um órgão simples ou um órgão complexo; um órgão singular ou um órgão colegial; um órgão eletivo ou um órgão não eletivo; um órgão constitucional ou um órgão não constitucional) e as classificações funcionais (saber se se trata de um órgão deliberativo ou de um órgão consultivo; se é um órgão legislativo, governativo, administrativo ou jurisdicional; se é um órgão de soberania e um órgão não soberano).

No modelo de estruturação e de relacionamento dos órgãos de soberania no exercício do poder político, que é o que define um sistema político, as coisas não se simplificam. Nesta ótica devemos analisar qual é a instituição que assume o papel dominante no exercício da ação política, quais são os modos de interferência política (se é por dissolução, por demissão ou por destituição dos mandatos); como se atribuem os mandatos (sistema eleitoral); qual é a relação entre parlamento e poder executivo. Para compreender todas estas dinâmicas é preciso conhecer a composição dos órgãos, a sua organização, funcionamento e competência, a forma de designação dos respetivos titulares e a definição dos seus estatutos.

É tudo isto que determina qual é o sistema de freios e contrapesos numa Constituição em concreto. Por outras palavras, é tudo isso que dá uma concreta configuração ao princípio da separação e interdependência dos poderes numa determinada Constituição. Mas, para isso, temos de analisar as normas de uma Constituição em particular.

Historicamente, o princípio da separação dos poderes está associado aos nomes de Montequieu e Locke, que promoveram o seu nascimento na época liberal. Montesquieu autonomizou o poder judicial, já Locke conceituou a separação dos poderes muito mais pela distinção das atividades do Estado do que pela noção de atividade normativa ou não normativa. Indo um pouco mais ao pormenor. Para Locke existiriam três poderes: o Legislativo, o Executivo e o Federativo (o Rei dispunha ainda da Prerrogativa). A base teórica da construção de Locke radica mais nas ideias do contrato social, do individualismo, da igualdade política, da soberania popular e do princípio maioritário. Já Montesquieu tem uma visão mais legalista-normativista. Importa-lhe perceber quem faz as normas, ou seja, quem detém o poder normativo, distinguindo-o de quem aplica as normas, isto é, quem possui o poder executivo. É por isso que quando nos ocupamos da divisão das funções estaduais a importância vai mais para Locke do que para Montesquieu, embora toda a teoria do Estado representativo moderno assente nos dois autores, porque os dois autores interessaram-se, em geral, pela questão da limitação do poder político. Uma representação quiçá ainda mais simplista do pensamento destes dois autores poderá fazer-se do seguinte modo: para John Locke há «quatro poderes», o Legislativo, o Executivo, o Federativo (relações externas/direito internacional) e o Prerrogativo (acionável em estados de excepção constitucional) e para Montesquieu há «três poderes», o Legislativo, o Executivo e o Judicial.

Mais tarde, já século XIX, Benjamin Constant aditará aos poderes legislativo, executivo e judicial, um quarto poder - o poder neutro. Com efeito, partindo da ideia de que os três poderes do Estado, como foram consagrados aquando da Revolução Francesa, poderiam dar lugar a conflitos e paralisar-se, Benjamin Constant preconiza a existência de um quarto poder, dirimidor de conflitos, um poder de equilíbrio que arbitraria os litígios entre os outros poderes de Estado. Seria este poder que poria em funcionamento a máquina estadual ou evitaria que ela ficasse paralisada. O poder neutro ou moderador foi atribuído ao Rei, mas que era também, quando Constant o teorizou, o detentor do poder executivo. As complexidades das atuais funções do Estado tornam o cenário muito mais complicado. Desde logo, porque não temos um rei, mas um presidente da República.

Por isso, é importante que se atente nesta ideia geral: conforme a Constituição preveja, do ponto de vista orgânico, as funções são sempre exercidas por órgãos que são sincronizados com um determinado sistema de Governo.

2. PILAR INSTITUCIONAL: os órgãos de soberania no sistema da CRP de 1976

2.1. Considerações gerais

Na perspetiva da ciência política, e, também, do direito constitucional, a separação de órgãos do poder político pressupõe que estes sejam plurais e com uma certa repartição de funções. Recordemos que, na sua origem, o Estado constitucional se constituiu contra a concentração do poder político num único órgão. Por isso, a nível do Estado, o princípio da separação impõe, em geral, a distinção entre uma assembleia representativa, um órgão executivo e tribunais. No entanto, no caso da Constituição da República Portuguesa, além desses três órgãos, existe mais um, o Presidente da República, mas que não é chefe do executivo.

Os Constituintes portugueses organizaram o estatuto constitucional dos órgãos de soberania começando cada uma das respetivas seções por um artigo em que os definem (Presidente da República - artigo 120.º; Assembleia da República - artigo 147.º; Governo - artigo 182.º; Tribunais - artigo 202.º). Todos estes artigos estão integrados na Parte III da CRP (*Organização do Poder Político*). Acresce que os órgãos de soberania são apenas os enunciados na Constituição (*princípio da tipicidade constitucional dos órgãos de soberania).*

2.2. Para que serve e o que faz o Presidente da República portuguesa?

O Presidente da República é-nos apresentado no artigo 120.º da CRP de 1976. Ele é um *representante*, é um *garante* e tem um *cargo: representa a República Portuguesa, garante o regular funcionamento das instituições democráticas* e tem o cargo de *Comandante Supremo das Forças Armadas*. Trata-se de um órgão eletivo unipessoal de soberania com funções específicas, designadamente, as de representação da República, de garantia, de dinamização institucional e de intervenção e de controlo político. Este órgão tem a sua sede oficial no Palácio de Belém (sugerimos a consulta da sua página oficial em https://www.presidencia.pt/).

Tendo apenas em conta o enunciado linguístico do artigo 120.º da CRP podemos, então, destacar cinco segmentos:

- segmento I: «O Presidente da República representa a República Portuguesa»;
- segmento II: «O Presidente da República [...] garante a independência nacional»;
- segmento III: «O Presidente da República [...] garante [...] a unidade do Estado»;
- segmento IV: «O Presidente da República [...] garante [...] o regular funcionamento das instituições democráticas»;
- segmento V: «O Presidente da República [...] é, por inerência, Comandante Supremo das Forças Armadas».

No entanto, não é apenas o artigo 120.º da CRP que releva para a delimitação do estatuto do Presidente da República portuguesa. Também os artigos 133.º, 134.º e 135.º da CRP, que estabelecem os atos de competência deste órgão, são essenciais para a densificação do seu estatuto.

Vejamo-los um pouco mais em pormenor quer o seu estatuto, quer as suas competências.

O Presidente da República é eleito por sufrágio universal, direto e secreto dos cidadãos portugueses eleitores recenseados no território nacional (por um mandato de 5 anos, renovável uma vez), bem como dos cidadãos portugueses residentes no estrangeiro, o que lhe confere legitimidade democrática e justifica os poderes de intervenção política de que goza no nosso sistema de matriz parlamentar (cfr., artigos 121.º, 122.º e 123º da CRP). Uma nota adicional para recordar que a ciência política costuma problematizar o impacto da eleição direta do Presidente da República sobre a personalização da política e sobre o sistema de partidos, nomeadamente, quanto ao primeiro aspeto, tendo em conta a dimensão das maiorias existentes (verificação se existe uma maioria parlamentar) e, quanto ao segundo aspeto, a possibilidade ou impossibilidade de reeleição (esta última só ocorre no caso de segundo mandato).

Muito poderia ser dito sobre este órgão de soberania (a ele dedicámos a nossa tese de doutoramento). Levantaremos apenas a «ponta do véu», deixando um primeiro (grande) problema: qual é o estatuto do presidente no complexo contexto da república e do republicanismo?[1].

Não sendo este o local apropriado para abordar essas questões, queremos, no entanto, deixar registado que defendemos ser prudente evitar, na ordem jurídica portuguesa, a expressão *Chefe de Estado* como sinónimo de *Presidente da República,* como se ouve amiúde no espaço público em Portugal. Confundir as expressões pode levar a achar que o *Presidente (republicano)* é um *Chefe de Estado (em sentido tradicional).* Não é verdade, porque o *Chefe de Estado* (em sentido tradicional) é um órgão com supremacia sobre os demais órgãos constitucionais. Acresce que o enunciado linguístico *Chefe de Estado* não existe na CRP de 1976. Por isso, *Chefe de Estado* tem, entre nós, um alcance constitucional muito restrito: implica a representação do Estado, sobretudo na ordem jurídica internacional. É isso que justifica as funções do Presidente da República de garantia da independência nacional, de comando supremo das Forças Armadas e as competências relativas às Regiões Autónomas.

1 A referida tese está publicada em dois volumes, respetivamente, Paula Veiga, *O que faz de um Presidente da República um Presidente Republicano? Paradigmas,* Série Investigação, Imprensa da Universidade de Coimbra, Coimbra, 2014 e Paula Veiga, *O que faz do Presidente da República Portuguesa um Presidente Republicano? Estatuto Constitucional,* Petrony, Lisboa, 2018.

A representação cometida ao Presidente da República pode ser analisada do ponto de vista formal - representação nos planos interno e internacional (como acabamos de fazer alusão) - e do ponto de vista material. Deste último ponto de vista, e de modo muito, muito simplista, se o Presidente representa a República, ele não representa uma unidade nacional em sentido clássico, nem os valores tradicionais. O presidente representa a República, ou seja, representa uma comunidade constitucional inclusiva.

De entre as funções de um presidente, uma das questões mais controversas é a função de intervenção política. Esta função é a que mais depende do sistema de Governo adoptado por cada uma das ordens jurídico-constitucionais. Por isso, as competências de intervenção política de um presidente da República articulam-se, necessariamente, com as competências dos outros órgãos políticos de soberania (parlamento e governo), podendo ser mais ou menos extensas. É também essa extensão que contribui para a delimitação de um determinado sistema de Governo. Esta função é de mais difícil compreensão, uma vez que não tem autonomia na teoria clássica, mas contribui para a definição da vontade política do Estado.

Como já referimos, nas democracias parlamentares, o órgão *Presidente da República* não se encaixa sem problemas «no esquema clássico da divisão dos poderes». Ele é um quarto poder. O nascimento do Estado liberal e de um dos seus essenciais pressupostos – o princípio da separação dos poderes –, que originou o desenvolvimento do parlamentarismo, trouxe, no plano funcional, um novo papel (indefinido) ao Chefe de Estado – o de um poder que, não tendo uma competência susceptível de ser, genericamente, definida como legislar, executar ou julgar, está *fora* dos poderes clássicos, da denominada «tríade clássica». É neste quadro teórico complexo que se há-de encaixar o Presidente e os seus poderes, embora sempre sujeito aos princípios constitucionais de proporcionalidade e de separação e interdependência dos poderes previstos na Constituição.

Dissemos acima que são os artigos 133.º, 134.º e 135.º da CRP que estabelecem os atos de competência da competência do Presidente da República. Por isso, a primeira sugestão de trabalho passa pela leitura integral desses três artigos. Essa operação permitirá concluir que não é claro o critério de distribuição dos atos pelos três artigos.

Do elenco apresentado é possível perceber que o Presidente possui importantes poderes institucionais, isto é, efetivos e não apenas nominais. De entre eles sobressaem o direito de veto, o direito de marcar os atos eleitorais, a legitimidade ativa para desencadear processos de fiscalização da constitucionalidade preventiva e sucessiva, o poder de dissolução parlamentar e o poder de demissão do Governo.

Os poderes do Presidente da República na CRP de 1976 foram substancialmente alterados com a primeira revisão constitucional, em 1982. Para ele é hoje explícita a missão de «garantir o regular funcionamento das instituições democráticas» (art. 120.º CRP). Por isso, ele tem competência para dissolver a Assembleia da República, embora o Governo tenha deixado de ser politicamente responsável perante o Presidente da República. Além disso, ele pode convocar extraordinariamente a Assembleia da República, dirigir-lhe mensagens ou pronunciar-se sobre emergências graves para o país.

Já na sua relação com o Governo, compete-lhe nomear o primeiro-ministro, tendo em conta os resultados eleitorais para a Assembleia da República, e exonerá-lo formalmente, depois de demitido (cfr., art. 186.º, n.º 4 CRP); presidir ao Conselho de Ministros, quando o primeiro-ministro o solicitar; e nomear e exonerar, sob proposta do Governo, o presidente do Tribunal de Contas e o procurador-geral da República.

No plano normativo, o Presidente promulga leis, decretos-leis e decretos regulamentares, podendo exercer o poder de veto dos atos legislativos, e ratifica os tratados internacionais, que são negociados pelo Governo e aprovados pela Assembleia da República.

O Presidente também, ainda, outras competências residuais, que facilmente podem ser apreendidas pela leitura dos citados artigos 133.º, 134.º e 135.º da CRP.

É ainda importante assinalar que embora o Presidente da República seja politicamente responsável pelos seus atos, não existe, na Constituição, um meio para efetivar tal responsabilidade, na medida em que, se por um lado, não pode haver revogação popular do mandato presidencial, mediante votação da sua destituição, por outro lado, também não existe a figura do *impeachment* parlamentar do presidente por atos inconstitucionais ou ilegais no exercício de funções.

2.3 Para que serve um Parlamento e o que faz a Assembleia da República?

2.3.1. Descrição genérica

Uma das obras clássicas em que se pode perceber a importância dos parlamentos no modelo democrático ocidental e no desenvolvimento do modelo parlamentar é a de Maurice Duverger, datada de 1962. Como aí se ensina, trata-se de um modelo que nasce no seio do sistema aristocrático e monárquico, com a introdução da burguesia nas assembleias de estados. Essa hegemonia da burguesia transformou a sociedade e criou uma nova classe intermédia (entre o povo e a aristocracia). Assim, tendo em atenção sobretudo o caso da Grã-Bretanha, o Parlamento tornou-se um contrapeso ao poder real, que agora se iria estabelecer como uma monarquia com poderes limitados. Tal significou que o rei permaneceu Chefe de Estado e do Governo. Mas, perante o Parlamento, o rei deveria respeitar a autonomia dos juízes e as prerrogativas das Câmaras. Foi esta monarquia «limitada» britânica que deu lugar à monarquia parlamentar, em que o Governo passou a ser encabeçado por um Primeiro-Ministro e o seu Gabinete. Neste novo modelo, o Gabinete só se mantém no poder caso obtenha confiança da assembleia, o que atesta a crescente importância da força parlamentar. É por isso que uma das funções centrais no parlamentarismo é a de ser contrapeso ao governo, estabelecendo-se o parlamento como um órgão essencial no equilíbrio de poderes e de representação. Claro que toda esta história deve ser sempre condimentada com a história do parlamentarismo constitucional, que se rege por constituições, e nunca como uma evolução contínua.

Um dos elementos essenciais das democracias representativas são as assembleias representativas, traço comum à esmagadora maioria dos

Estados contemporâneos, independentemente dos sistemas políticos. Mas existem grandes variações quanto à natureza, poderes e funções dessas assembleias representativas. De qualquer modo, os parlamentos são considerados uma instituição fundamental de formulação de políticas e do processo de decisão (*policy-making*). Se até o final do século XIX a abordagem formal tradicional se concentrava essencialmente na análise das relações entre o executivo e o legislativo, após a I Guerra Mundial começou a assistir-se ao «declínio do parlamento», porque muito do poder de decisão passou para o executivo, o que nos trará problemas na compreensão dos atuais sistemas, como veremos adiante.

O nosso Parlamento, unicameral, designa-se por Assembleia da República e a sua sede oficial é no Palácio de S. Bento (sugerimos a consulta do sítio oficial em https://www.parlamento.pt/).

No contexto europeu, isto é, quando comparada com outros parlamentos da Europa, a nossa Assembleia da República é uma instituição jovem. A decisão de uma assembleia unicameral, para se contrapor à herança do passado (nomeadamente da I República, em que a assembleia era bicameral), constou logo do Programa do MFA.

A Assembleia da República é eleita por quatro anos, período que forma o que se designa por legislatura. Os 230 Deputados da Assembleia são eleitos para esse mandato por um sistema de representação proporcional, de acordo com o método da média mais alta de Hondt. Os Deputados organizam-se em grupos parlamentares, que são a unidade base de atuação da Assembleia. É discutível a natureza jurídica dos grupos parlamentares, mas vamos usar uma metáfora: eles são uma *longamanus* do seu partido no parlamento.

Como dissémos, uma legislatura tem a duração de quatro anos, embora possa ser interrompida por dissolução parlamentar, por decisão do Presidente da República. Trata-se de uma decisão discricionária, apenas condicionada à audição do Conselho de Estado. No entanto, esse poder não pode ser exercido nos primeiros seis meses da legislatura nem nos últimos seis meses do mandato presidencial (cfr., art. 172.º CRP). São o que se designa por limites temporais da dissolução, que foram introduzidos pela revisão constitucional de 1982.

A Assembleia da República vem definida no artigo 147.º da CRP («A Assembleia da República é a assembleia representativa de todos os cidadãos portugueses») e tem diversas funções. Na ótica do sistema político, é a Assembleia que representa, verdadeiramente, os cidadãos (função representativa).

Não podemos dissociar a Assembleia da República, enquanto assembleia representativa, de um dos direitos fundamentais de todos os cidadãos portugueses (o direito de sufrágio ativo, ou seja, o direito de voto - art. 49.º CRP). Daí que apresentar o órgão parlamento implique, de imediato, falar em eleições. Nas eleições parlamentares, o eleitor vota num conjunto de deputados/partidos. Os partidos concorrem às eleições e apresentam uma lista de candidatos a deputados, na ordem pela qual pretendem elegê-los. Em Portugal, estas listas são fechadas, ou seja, o eleitor vota apenas num partido. Como é próprio de uma democracia parlamentar, são estas as eleições decisivas do sistema político (e não as eleições presidenciais), porque são elas as que servem para eleger os deputados à Assembleia da República e que determinam o grau do Presidente para a escolha do futuro Primeiro-ministro.

As competências da Assembleia da República emergem enunciadas na CRP de 1976 como competência política ou legislativa (art.º 164.º), competência de fiscalização (art.º 165.º) e competência quanto a outros órgãos (art.º 166.º). Assim, a Assembleia da República exerce, fundamentalmente, duas funções: a legislativa e a fiscalizadora.

Por um lado, o parlamento português é o principal órgão legislativo de um regime misto parlamentar presidencial. Sob o princípio da separação e interdependência de poderes, cabe-lhe, primacialmente, fazer «leis sobre todas a matérias», exceto sobre a respeitante à organização e funcionamento do governo, (art. 198.º, n.º 2 CRP) leis que são elaboradas de acordo com um procedimento e uma forma constitucional e regimentalmente fixados. Nos termos da teoria clássica da separação dos poderes, é esta função legislativa que ocupa tradicionalmente o lugar primacial das assembleias representativas, que, como já dissemos, outrora era exclusiva destas assembleias (à época, ao governo e à administração competia simplesmente executar as leis parlamentares). O primado legislativo da Assembleia da

República manifesta-se, também, no facto de ela possuir competência legislativa exclusiva sobre algumas matérias (cfr., arts. 164.º e 165.º da CRP), embora concorrencial noutras e autorizável noutras ainda (são as matérias enunciadas no art. 165.º da CRP que podem ser objeto de autorização). Esta competência legislativa advém da sua própria natureza e do sentido histórico, isto é, como assembleia representativa. No entanto, é importante realçar que, no atual sistema português, o Governo e as Assembleias das Regiões Autónomas gozam, também, de poderes legislativos.

Por outro lado, e no quadro de equilíbrio entre os diferentes órgãos de soberania – Presidente da República, Assembleia da República, Governo e Tribunais –, a Assembleia da República tem, igualmente, importantes funções de fiscalização. É ela que controla politicamente os atos do Governo e da Administração. A responsabilidade política do Governo perante a Assembleia da República concretiza-se através de diferentes formas, além da Assembleia também estar na base de formação do Governo. Com efeito, o Governo é formado tendo em conta os resultados das eleições legislativas e depende da confiança política da Assembleia da República. Assim, o Governo pode ser demitido através de três instrumentos: rejeição do programa de governo, rejeição de uma moção de confiança solicitada pelo Governo ou aprovação de uma moção de censura (cfr., art. 195.º CRP).

A atividade da Assembleia da República está formalmente regulamentada no seu Regimento, que pode ser consultado na página oficial da Assembleia da República, na parte de legislação:

https://www.parlamento.pt/Legislacao/Paginas/LegislacaoAtividadeParlamentar.aspx.

2.3.2 «Duas luzes» de ciência política

2.3.2.1 Parlamento, sistema partidário e sistema eleitoral

De acordo com o autor que já foi apresentado - Maurice Duverger - há uma relação direta entre o sistema eleitoral e o sistema partidário. Muito embora quer o sistema partidário, quer os sistemas eleitorais sejam mais objeto de estudo da ciência política do que do direito constitucional, na medida em que se estudam variáveis como as regras eleitorais (interferência do sistema eleitoral sobre o sistema partidário), competição entre os partidos e as clivagens sociais, que depois ditam a alternância no poder, desejamos deixar um brevíssimo apontamento sobre estes temas, na medida em que eles podem provocar a curiosidade dos estudantes enquanto cidadãos políticos.

Para que os estudantes tomem contacto com a realidade dos partidos políticos em Portugal sugerimos a consulta da página oficial do Tribunal Constitucional português com os partidos registados e suas denominações, siglas e símbolos em https://www.tribunalconstitucional.pt/tc/partidos.html.

Deixamos também umas breves e simples notas sobre os sistemas eleitorais. Um sistema eleitoral é o *modo como os votos dos eleitores são transformados em deputados*. Os sistemas eleitorais básicos podem ser de dois tipos: *maioritários*, em que a eleição dos deputados, normalmente efetuada em círculos uninominais (que elegem só um deputado), se faz de acordo com a regra da maioria simples de votos, sendo eleito o candidato que tiver mais votos; *proporcionais*, em que a eleição dos deputados, sempre efetuada em círculos plurinominais (que elegem mais do que um deputado), implica uma repartição dos eleitos entre as listas concorrentes, de acordo com a proporção de votos de cada uma no conjunto dos votos do correspondente círculo eleitoral. Depois, a eleição em concreto pode efetuar-se segundo diferentes fórmulas ou métodos. A CRP de 1976 impõe o método de Hondt, com círculos eleitorais de base distrital (mais os círculos das regiões autónomas e os dos residentes no estrangeiro) - artigo 149.º CRP. Este é um tema recorrentemente discutido em Portugal, tendo sido já apresentados vários projetos de reforma em numerosos momentos. Com efeito, foi há mais de 25 anos que, com a revisão constitucional de 1997, se passou a prever a possibilidade de introdução dos círculos uninominais, sem prejuízo do respeito pelo princípio a representação proporcional (esses círculos uninominais estão hoje previstos no citado art. 149.º, mas nunca foram criados). Também nunca se criou um único código eleitoral para todos os atos eleitorais, pelo que cada uma das eleições é disciplinada por uma lei específica. Essas leis podem ser consultadas na página oficial da Comissão Nacional de Eleições, na parte de legislação (https://www.cne.pt/content/legislacao-eleitoral).

Em traços muito gerais, diremos ainda que:

- todos os cidadãos maiores de 18 anos, ressalvadas as incapacidades previstas na lei geral, têm direito de sufrágio;
- o exercício do direito de sufrágio é pessoal, direto, secreto e periódico;
- o modo de escrutínio varia consoante a eleição em causa (nas eleições presidenciais - sistema maioritário a duas voltas; nas eleições para a Assembleia da República, para os órgãos das regiões autónomas e do poder local - sistema de representação proporcional, fazendo-se a conversão em mandatos segundo a aplicação do método de Hondt).

2.3.2.2. Princípio da maioria e proteção das minorias

A construção clássica da democracia representativa assentava na ideia, hoje inexistente, de sociedades homogéneas. Por isso, também objeto de atenção deve ser, sobretudo para a ciência política, a complexa relação entre maiorias e minorias.

Embora o direito constitucional seja chamado num plano mais assessório para esta complexa discussão, desejamos deixar registadas duas ideias que nos parecem essenciais:

(i) regra da maioria e democracia não são conceitos coincidentes, embora a regra da maioria – como instrumento quantitativo para a tomada de decisões - seja uma das legítimas e, por isso, democráticas. Mas, nos sistemas democráticos existem outros modos de formar a vontade coletiva além do procedimento maioritário. Há, desde logo, que atender à proteção dos direitos, à tirania da maioria e à proteção das minorias. Muitas dessas matérias são hoje objeto de estudo também do direito internacional dos direitos humanos, porque os direitos humanos são, em si mesmos, um limite ao próprio princípio da maioria. É por isso que se tenta assegurar a representação parlamentar de interesses das minorias, não afastando relevantes seções da sociedade;

(ii) o direito constitucional assume um papel fundamental em relação às minorias, porque constitucionaliza mecanismos favoráveis não só à participação das minorias, mas, também, na medida em que assegura o cumprimento do princípio da igualdade e da não discriminação.

2.3.3. Deputados: os protagonistas do Parlamento

Os deputados assumem uma posição primordial na atividade parlamentar.

Diz a CRP de 1976 que podem ser deputados os «cidadãos portugueses eleitores, salvas as restrições que a lei eleitoral estabelecer por virtude de incompatibilidades locais ou de exercício de certos cargos» (art. 150.º), que «Os Deputados que forem nomeados membros do Governo não podem exercer o mandato até à cessação destas funções» (art. 154.º, n.º 1) e que os deputados podem perder o seu mandato (art. 160.º).

Nesta parte da CRP de 1976, a norma que poderá causar maior estranheza a um recém estudante de Direito é o artigo 157.º da CRP, que consagra o instituto das imunidades parlamentares, com duas importantes manifestações: a irresponsabilidade e a inviolabilidade. Essa estranheza resulta de estarmos perante categorias de pessoas que, por gozarem de um estatuto jurídico-constitucional (o de imunidade), poderão estar subtraídas ao poder punitivo do Estado.

A imunidade significa, no essencial, que os deputados só podem ser detidos, presos ou acusados criminalmente mediante autorização do órgão a que pertencem. Por isso é que o n.º 1 do art. 157.º da CRP dispõe que «Os Deputados não respondem civil, criminal e disciplinarmente pelos votos e opiniões que emitirem no exercício das suas funções».

Este instituto tem uma história antiga. Ele surgiu para garantir aos deputados a liberdade de expressão e a garantia de que as opiniões que emitirem no âmbito das suas funções não estão sujeitas a procedimentos criminais, civis e disciplinares. Tratou-se, historicamente, de um meio de defesa dos parlamentares contra a perseguição das autoridades judiciais e para impedir que os outros órgãos do Estado pudessem afetar a normal composição do Parlamento através da prisão de um deputado.

Um excelente recurso em linha sobre estes protagonistas da Assembleia da República está na página oficial:

https://www.parlamento.pt/deputadogp/paginas/deputados.aspx?more=1. Aí os estudantes podem pesquisar deputados por nome, por grupo parlamentar, etc., em cada uma das legislaturas.

2.4. Para que serve e o que faz o Governo?

2.4.1. Descrição genérica

O Governo é o órgão responsável pelo poder executivo e vem definido na Constituição como «órgão de condução da política geral do país e o órgão superior da administração pública» (art. 182.º). É um órgão de soberania colegial, dele fazendo parte outro órgão colegial, o Conselho de Ministros, e tantos órgãos singulares quantos os membros que o integram: Primeiro-Ministro, Ministros, Secretários de Estado e Subsecretários de Estado. Sugerimos a consulta da páginal oficial do Governo português em https://www.portugal.gov.pt/pt/gc25.

Embora o conceito seja polissémico, aqui interessa-nos o órgão Governo tal como emerge na CRP de 1976, enquanto órgão de poder executivo do Estado. Este é um órgão relativamente recente. Surgiu no século XVIII quando, com a burocratização e a formação do Estado moderno, eram necessárias algumas pessoas responsáveis por determinadas áreas que auxiliassem o rei.

A sua atual importância está irremediavelmente ligada às transformações ocorridas no século XX (sobretudo depois da I Guerra Mundial, de 1914-1918, e da II Guerra Mundial, de 1939-1945). A partir delas houve um aumento das atribuições do Estado em todas as esferas (de que constituem bons exemplos a construção das infraestruturas como caminhos de ferro e portos, a regulação da economia, o fornecimento de serviços públicos básicos como água, energia ou transportes, bem como prestações à comunidade, como segurança social, saúde e educação). Já se vê que, durante o século XX, a dimensão dos governos e da administração se tornou muito maior, o que originou uma deslocação da vida central política dos Estados para este órgão, em detrimento do parlamento.

Nos termos da CRP de 1976, o governo é nomeado pelo presidente da República, depois de ouvidos os partidos com representação parlamentar, e os restantes membros do governo são nomeados também pelo Presidente da República, sob proposta do Primeiro-Ministro (arts. 183.º, 184.º e 187.º).

O governo é um órgão responsável politicamente perante a Assembleia da República, porque o seu programa está sujeito à sua apreciação, embora não à sua aprovação; pode ser alvo de moção de censura ou moção de confiança (arts. 193.º, 194.º e 195.º). Na CRP existe ainda uma responsabilidade institucional do governo perante o Presidente da República, que o nomeia e o pode exonerar quando tal se torne necessário para assegurar o regular funcionamento das instituições democráticas, ouvido o Conselho de Estado, embora o governo não dependa da confiança política do presidente (arts. 187.º, n.º 1 e 195.º, n.º 2). A perda do poder presidencial de demissão discricionária do governo foi a grande alteração do sistema de governo na revisão constitucional de 1982. É essa responsabilidade institucional do governo perante o presidente que justifica a obrigação que o primeiro tem de informar o segundo sobre a condução dos negócios públicos e também o dever de consulta presidencial, pelo menos em matéria de relações internacionais e de política de defesa.

As funções do Governo português são de natureza política e administrativa. No exercício das suas funções políticas, compete ao Governo: referendar os atos do Presidente da República; negociar e ajustar convenções internacionais; aprovar os acordos internacionais cuja aprovação não seja da competência da Assembleia da República ou que a esta não tenham sido submetidos; apresentar propostas de lei e de resolução à Assembleia da República; propor ao Presidente da República a sujeição a referendo de questões de relevante interesse nacional; pronunciar-se sobre a declaração do estado de sítio ou do estado de emergência; propor ao Presidente da República a declaração da guerra ou a feitura da paz. No exercício da sua competência legislativa, compete-lhe: fazer decretos-leis em matérias não reservadas à Assembleia da República; fazer decretos-leis em matérias de reserva relativa da Assembleia da República, mediante autorização desta (art. 165.º); fazer decretos-leis de desenvolvimento dos princípios contidos em leis que contenham bases gerais de regimes jurídicos (art. 198.º).

É nas funções do governo no âmbito da função administrativa que se enquadra o órgão enquanto «órgão superior da Administração Pública», porque esta deve executar a política previamente definida.

Como já se percebeu, e resulta da CRP de 1976, o governo é chefiado pelo Primeiro-Ministro, que coordena a ação dos Ministros e representa o Governo perante os outros órgãos de soberania. Uma nota ainda para esclarecer que as principais decisões do governo são tomadas no Conselho de Ministros, que também discute e aprova propostas de lei, os pedidos de autorização legislativa à Assembleia da República e os decretos-lei.

2.4.2. Parlamento e governo: uma relação especial no quadro do parlamentarismo

As relações do governo com o parlamento são determinantes para a manutenção em funções do próprio governo. Assim, nos termos da CRP, um governo cai quando apresenta um voto de confiança ao parlamento e este o rejeita; a maioria absoluta dos deputados aprova uma moção de censura ao governo; o programa do governo não é aprovado pela Assembleia da República (é do programa do governo que constam as principais orientações políticas e medidas a adotar ou a propor nos diversos domínios da atividade governamental) - arts. 192.º a 195.º, n.º 1 CRP.

2.5. Sistemas de Governo e o sistema na CRP

2.5.1. Parlamentarismo, presidencialismo e sistemas mistos

O sistema de Governo mais antigo é o parlamentarismo, cuja essência radica nas ideias de representação dos cidadãos e no equilíbrio de poderes, em que o executivo deve ser controlado pelo legislativo, podendo ser por ele destituído. No parlamentarismo, as principais funções de um parlamento serão as de legislar e controlar o Governo, enquanto o executivo terá a função de governar no quadro das leis. Esta é uma forma de Governo originária da Inglaterra e estendeu-se pela Europa aos longo dos séculos XIX e XX. Mas, ao contrário do que sucedera com a «mãe» do parlamentarismo, na maioria dos Estados europeus nos quais se adotou, os governos revelaram bastante instabilidade, uma vez que, com frequência, os parlamentos votaram moções de censura que levavam à demissão do governo. Foi essa instabilidade que deu origem ao surgimento do que ficaria conhecido por parlamentarismo racionalizado, que foi adotado na Constituição de Weimar de 1919.

Os traços gerais de um sistema parlamentar consubstanciam-se em:

- não cumulação entre chefe de governo e chefe de Estado;
- interdependência entre o legislativo e o executivo (o executivo é formado a partir do legislativo);
- responsabilidade do governo perante o parlamento (através de moções de censura e de confiança);
- o governo (ou gabinete) é um órgão colegial;
- o parlamento pode ser dissolvido pelo monarca/presidente, por proposta do gabinete;
- o monarca/presidente tem fracos poderes;
- instituto da referenda.

Oposto ao sistema de Governo parlamentar, surgiu nos Estados Unidos, logo na Declaração de Independência, o sistema de Governo presidencial, como sinal de oposição à potência colonizadora. O sistema presidencial surgiu, assim, como um negativo do sistema parlamentar. É uma forma muito comum, além da sua pátria mãe, isto é, dos Estados Unidos, em Estados da América Latina.

Os traços gerais de um sistema presidencial são:

- separação entre os poderes legislativo e executivo;
- dois órgãos de poder com legitimidade direta: o executivo (Presidente) e o legislativo (Câmaras);
- legitimação direta do Presidente por via da eleição;
- concentração no Presidente da chefia do Estado e do Governo;
- ausência de Gabinete;
- relação entre poderes nomeadamente através de *impeachment* ao Presidente e direito de veto do Presidente (*checks and balances*).

Como se percebe das características elencadas para cada um dos sistemas, segundo o critério tradicional, a diferenciação entre um sistema de Governo parlamentar ou presidencial afere-se através da titularidade da função governativa, da fonte da sua legitimidade política e do grau de separação flexível ou rígida de poderes. No parlamentar, a separação é flexível, no presidencial, a separação é rígida. Num sistema presidencial, o presidente não pode dissolver o parlamento e o parlamento não pode demitir o presidente (salvo o caso de *impeachment* por conduta inconstitucional). No caso de um sistema parlamentar, o governo pode ser demitido pelo parlamento (moção de censura), mas, em geral, o parlamento também pode ser dissolvido pelo chefe do Estado, a pedido do governo ou por sua própria iniciativa. Por isso se diz que o que carateriza os sistemas parlamentares é a responsabilidade política do executivo perante o parlamento. Hoje, tanto os sistemas de governo parlamentar como os de tipo presidencial apresentam numerosas variantes e podem ser agrupadas em subtipos.

Efetivamente, ao longo do século XX, os clássicos sistemas de governo (parlamentar e presidencial) mostraram dificuldades de adaptação em certos ambientes sociais e políticos e começaram a ser discutidos e criticados. Operou-se, então, um processo gradual de construção de sistemas mistos, que adotam a doutrina de freios e contrapesos como essencial, mas se articulam, institucionalmente, entre três órgãos políticos.

Um destes exemplos históricos é o sistema francês que, tendo tido por objetivo fortalecer a autoridade do Chefe de Estado e do Governo, introduziu, na Constituição (que é de 1958), um sistema de Governo de base parlamentar (responsabilidade do executivo perante o parlamento), porém limitado por uma componente presidencialista forte. Para tal terá contribuído a forte personalidade do Presidente *De Gaulle*, acentuada pelo modo como assumiu a condução da crise da Argélia, que subalternizou o papel do parlamento. Em 1962, com uma revisão constitucional, reforçaram-se os poderes do presidente, por efeito da sua eleição direta, dando origem a um sistema que haveria de ficar conhecido como semipresidencial. A noção propriamente dita - sistema de Governo semipresidencial - deve-se a Duverger nos anos 70 do século XX (1979). Para o seu criador, este sistema de Governo obedece cumulativamente a três requisitos: (i) eleição direta do presidente da República; (ii) «consideráveis poderes» constitucionais do presidente da República; (iii) governo liderado por um primeiro-ministro responsável perante o parlamento.

Ainda assim note-se que a primeira Constituição europeia a combinar um sistema parlamentar com um Presidente diretamente eleito, com poderes institucionais fortes, foi, como já se referiu, a Constituição alemã de 1919 (República de Weimar; parlamentarismo racionalizado).

2.5.2. O sistema de Governo na CRP de 1976

De tudo quanto já se disse acima a propósito dos três órgãos de sobernania com competência política na CRP de 1976 (presidente, parlamento e governo) é fácil de perceber que Portugal não se encaixa facilmente nem no parlamentarismo puro nem no presidencialismo.

A este propósito, parecem-nos essenciais, desde já, duas notas:

(i) o sistema de governo originariamente vertido na Constituição sofreu algumas importantes alterações com a primeira revisão constitucional, de 1982, através da eliminação de um dos órgãos do sistema (o Conselho da Revolução), e consequentes alterações significativas nos poderes dos outros órgãos, e uma mudança crucial: a do poder do presidente exonerar o governo. Antes da revisão, esse poder era livre e decorria diretamente da relação de responsabilidade do governo perante o presidente. Como o sistema de governo é misto tem havido uma discordância doutrinal sobre a sua designação, com a Escola de Coimbra (nomeadamente, Gomes Canotilho e Vital Moreira) a referirem que se trata de um sistema misto e a Escola de Lisboa a chamarem ao sistema um sistema semipresidencial (Jorge Miranda e Marcelo Rebelo de Sousa, entre outros). Não nos vamos deter muito sobre a designação propriamente dita, uma vez que mesmo os politólogos divergem e os próprios constitucionalistas têm mudado de posição com o decurso do tempo;

(ii) assentemos no seguinte: o sistema de Governo português é misto, tendo uma base claramente parlamentar. Daí que falar em semipresidencial possa induzir em erro, porque destaca a componente que é, afinal, a mais fraca. Trata-se de um sistema com plasticidade, com um pendor variável, em função de um conjunto de fatores. O mais relevante é, como é óbvio, o da existência, ou não, de uma maioria absoluta no parlamento.

As raízes do sistema de Governo inscrito na CRP de 1976 encontram-se, por um lado, em duas versões modernas distintas (parlamentarismo racionalizado à moda alemã e o semipresidencialismo à moda francesa) e, por outro lado, (i) numa forma de restaurar a posição proeminente do parlamento e a responsabilidade política do governo perante o parlamento (suprimida pela Constituição de 1933), (ii) restabelecer a eleição direta do Presidente da República, que a mesma Constituição de 1933, depois de a ter adotado originariamente, revogara a partir da revisão de 1959 (episódio Humberto Delgado em 1958).

Como já se referimos, a versão originária da CRP era distinta. O primitivo sistema de Governo assentava na responsabilidade governamental dupla do governo perante o presidente da República e perante a assembleia da República. Hoje, a responsabilidade política do governo é exclusivamente perante a assembleia da República e o presidente da República está desprovido de poderes executivos.

De acordo com a CRP de 1976, temos dois órgãos que são eleitos por sufrágio eleitoral direto - a Assembleia da República e o Presidente da República - pelo que se pode afirmar que é um modelo «birrepresentativo», embora as eleições não tenham a mesma lógica (uma coisa é a eleição de deputados inscritos em listas partidárias, outra é a eleição uninominal para presidente) e a duração dos mandatos é distinta (4 anos para a legislatura/5 anos para o mandato presidencial). O governo é nomeado pelo presidente da República «tendo em conta os resultados eleitorais» das eleições legislativas (art. 187.º, n.º1). Por isso, são as eleições parlamentares, e não as eleições presidenciais, as fundamentais para a escolha do Governo e das opções governativas no país.

Como já vimos, o governo é chefiado por um Primeiro-ministro e é responsável politicamente perante a assembleia da República. O governo apresenta o seu programa à assembleia, mas não é necessária investidura parlamentar expressa através de um voto de confiança. O governo pode ser demitido pela assembleia, através de rejeição do seu programa, de aprovação de uma moção de censura, ou de rejeição de um voto de confiança. Mas o governo não tem o poder de fazer dissolver a assembleia.

O governo também não é politicamente responsável perante o Presidente da República, nem precisa da sua confiança política. Embora o artigo 190.º CRP refira responsabilidade («o Governo é responsável perante o Presidente da República e a Assembleia da República»), esta é apenas responsabilidade institucional (condução do governo conforme às regras constitucionais, sem pôr em causa o «regular funcionamento das instituições»). É verdade que o governo pode ser exonerado pelo presidente da República independentemente de desconfiança parlamentar, mas só a título excecional, quando esteja em causa o «regular funcionamento das instituições». Por isso, não se trata de uma responsabilidade política semelhante à que liga o governo à assembleia da República. Por outro lado, o presidente da República não é o chefe do executivo, nem compartilha da função governativa, embora possa presidir ao Conselho de Ministros, quando o Primeiro-Ministro lho solicitar.

Os traços acabados de assinalar não correspondem exatamente a nenhum dos modelos típicos dos sistemas de Governo, mas vários deles são característicos de um modelo parlamentar: formação do governo de acordo com a composição da assembleia da República; dependência do governo perante a assembleia da República, consubstanciada na responsabilidade política daquele perante esta; demissão do governo com o termo da legislatura; autonomia institucional do governo face ao presidente da República; referenda ministerial de muitos atos do presidente da República. Já do sistema presidencial, o sistema português apresenta: o veto legislativo do presidente; o facto de o governo poder ser demitido autonomamente, também pelo Presidente da República (ainda que a título excecional); o facto de o governo não poder determinar a dissolução da assembleia da República e convocar eleições antecipadas (podendo apenas solicitar ao presidente da República que o faça); a incompatibilidade entre a função de deputado e a de membro do governo (art. 154.º, n.º 1); o poder autónomo do presidente em relação ao governo e à assembleia da República, com importantes poderes de intervenção política (poder de veto, poder de nomeação de certos titulares de cargos públicos, poder de externalização de posições políticas autónomas e divergentes em relação ao governo). Tudo isto num quadro em que o presidente é diretamente eleito.

2.6. Os tribunais

2.6.1. Descrição genérica

De entre os órgãos de soberania, e ainda atendendo ao princípio da separação dos poderes (art. 111.º CRP), surgem os tribunais. Recordemos que este princípio é uma componente da democracia representativa clássica e emerge, também, olhando em especial para os tribunais, como uma das dimensões essenciais do princípio do Estado de direito, tal como vem expressamente estatuído no art. 2.º da CRP.

Com efeito, um dos traços clássicos do princípio do Estado de direito é a independência dos tribunais, que a Constituição garante (arts. 202.º e, em especial, 203.º CRP). Mas, a Constituição não define o que são tribunais. O seu sentido deve, assim, encontrar-se na relação com os conceitos de «função jurisdicional» e «juiz».

Os tribunais exercem o poder judicial para «assegurar a defesa dos direitos e interesses legalmente protegidos dos cidadãos» (art. 202.º CRP), mas, eles próprios, enquanto órgãos do Estado, são obrigados a atuar respeitando os direitos, liberdades e garantias. No âmbito das funções num Estado, a função jurisdicional tem uma densificação material mais clara, porque os tribunais são instâncias independentes que visam assegurar a defesa dos direitos e interesses dos cidadãos e dirimir conflitos de interesses públicos e privados, tudo observando a legalidade democrática (cfr., art. 202.º, n.º CRP). Fica, assim, mais claro. A uma função - a função jurisdicional - corresponde um órgão de soberania - os tribunais. Nestes termos, os tribunais são o único órgão de soberania que não exerce o poder político, em sentido mais ou menos amplo. Consequentemente, os juízes também não são eleitos, nem respondem perante o poder político.

Historicamente, devemos a Montesquieu a autonomização da função judicial relativamente à função executiva, bem como a sua atribuição a tribunais separados do poder executivo e em dedicação exclusiva.

Consoante cada um dos ordenamentos jurídicos, os tribunais têm uma concreta organização e o funcionamento, que é fixada por lei, normalmente estudada na disciplina de organização judiciária.

Na Constituição estabelece-se o seguinte: no art. 209.º da CRP enumeram-se quatro categorias de tribunais, a saber o Tribunal Constitucional, o Supremo Tribunal de Justiça (STJ) e os tribunais judiciais de primeira e segunda instância, o Supremo Tribunal Administrativo (STA) e os demais tribunais administrativos e fiscais, e o Tribunal de Contas. Esta é, portanto, a organização base imposta pela Constituição. Os tribunais judiciais são os tribunais comuns em matéria de litígios cíveis e criminais, e ainda laborais, comerciais, etc. (cfr., art. 211.º, n.º1) e os tribunais administrativos e fiscais são os tribunais comuns para os litígios dessa natureza (cfr., art. 212.º, n.º3).

Vejamos, agora, o que estabelece a CRP sobre os juízes, de acordo com o princípio do Estado de direito. Os juízes são independentes. Essa é a garantia do exercício das suas funções. Essa independência assenta, segundo o art. 216.º CRP:

- na sua inamovibilidade, não podendo ser destituídos, nem movidos de forma arbitrária;
- na sua irresponsabilidade, não sendo responsáveis civilmente pelas suas decisões (o Estado assume a indemnização dos danos eventualmente causados por decisões judiciais, salvo dolo ou culpa grave dos próprios juízes);
- na sua exclusividade, ou seja, na incompatibilidade com outras funções ou atividades;
- em outras limitações fixadas por lei, de entre as quais se encontra a imparcialidade política.

Na organização judiciária, a CRP de 1976 prevê, também, o Ministério Público, um órgão do poder judicial ao qual estão cometidas as funções de representante do Estado nos tribunais, do exercício da ação penal (no quadro da política criminal do governo), da defesa da legalidade democrática e dos demais interesses determinados por lei (cfr. art. 219.º, n.º1). Em Portugal, o Ministério Público é um órgão independente do governo (cfr. art. 219.º, n.º2 CRP).

2.6.2. O Tribunal Constitucional

De entre os tribunais, vamos dar uma atenção especial ao Tribunal Constitucional, por duas razões:

- porque se trata de um compêndio para servir de apoio a estudantes de 1.º ciclo na disciplina de Direito Constitucional;
- porque a própria Constituição lhe dá uma atenção especial, na medida em que, a partir da revisão constitucional de 1989, passou a consagrar um Título autónomo a este órgão jurisdicional, dentro da Parte III (o Título VI).

Além da autonomização da parte dos tribunais em dois Títulos (o V e o VI), a RC de 89 foi, de facto, muito importante para o poder jurisdicional, uma vez que constitucionalizou os tribunais administrativos e fiscais, para o julgamento de litígios emergentes de relações administrativas e fiscais. Recordemos, ainda, que também o Tribunal Constitucional não fazia parte da versão originária da Constituição. Só foi introduzido na RC de 82.

Embora o Tribunal Constitucional não seja o único órgão de justiça constitucional (porque temos um sistema difuso de controlo da constitucionalidade, além do sistema concentrado), ele administra a justiça «em matérias de natureza jurídico-constitucional» (tal significa que a questão jurídica essencial tem de ser a da interpretação e aplicação da Constituição).

Os juízes do Tribunal Constitucional não têm um cargo vitalício, ao contrário dos juízes dos outros tribunais. Exercem um mandato único de nove anos. São em parte designados pela assembleia da República e em parte cooptados, perfazendo um total de 13 juízes. Não têm de ser todos juízes de carreira. A CRP de 1976 apenas exige que seis deles (ou seja, menos de metade) sejam juízes de carreira, sendo os demais também juristas, obrigatoriamente (cfr., art. 222.º, n.º2 CRP).

As competências do Tribunal Constitucional são muito vastas. A mais importante, porque fundamento histórico da criação deste tipo de tribunais, é a da apreciação da constitucionalidade das normas jurídicas. Mas, em Portugal, o Tribunal Constitucional tem outras competências, nomeadamente: certificação das situações respeitantes ao mandato do presidente da República, controlo da legalidade dos atos eleitorais e dos partidos políticos, fiscalização da validade dos referendos e outras matérias mais ou menos avulsas, previstas na Constituição e na lei (cfr., art. 223.º CRP).

3. PILAR SOCIAL: a sociedade política

3.1. O que é a participação política e qual a sua importância?

A participação política, isto é, o envolvimento dos cidadãos na vida pública, ativa e conscientemente, é um dos pilares da qualidade da democracia e é um direito humano, nos termos da Declaração Universal de Direitos Humanos (cfr., arts. 19.º, 20.º e 21.º da DUDH, que consagram a liberdade de opinião e de expressão, a liberdade de reunião e de associação pacíficas, o direito de voto e de ser eleito). Além da participação formalizada em atos eleitorais, destacamos, ainda, os referendos (que são pouco frequentes em Portugal e nem sequer estavam previstos na versão originária da CRP), as petições, manifestações, protestos, greves, instâncias de consulta e deliberação pública, etc.

Segundo dois dos princípios gerais da organização do poder político na CRP de 1976 (Parte III), se o poder político pertence ao povo (cfr., art. 108.º), o sistema democrático compreende a participação direta e ativa dos cidadãos na vida política (cfr. art. 109.º).

Um excelente recurso digital para esta matéria pode encontrar-se na página oficial da assembleia da República no endereço https://www.parlamento.pt/Cidadania.

De acordo com o clássico ensinamento de Alexis de Tocqueville, a participação livre dos cidadãos em associações da sociedade civil tem benefícios para toda a comunidade, uma vez que cria membros poderosos e informados, permite um maior contributo para a vida política pela representação dos interesses e assegura a manutenção da liberdade de forma próxima aos cidadãos. Ou seja, a participação consubstancia-se numa pressão organizada e legal direcionada ao poder político. Esta é a primeira fundamental ideia que queremos deixar nesta parte: uma participação mais ativa dos cidadãos é muito boa para a democracia.

Como temos vindo a ver em diversos pontos da matéria, a história das ideias e das instituições é sempre complexa. Com efeito, esta ideia de que a participação dos cidadãos é boa para a democracia nem sempre foi destacada. O nascimento do constitucionalismo, com as revoluções liberais, teve, inicialmente, uma visão diferente. Assente sobre a ideia da liberdade individual, essas revoluções dos séculos XVIII e XIX, que visavam limitar e controlar o poder do Estado, viam com maus olhos a existência de corporações e organizações que limitassem a liberdade (e a iniciativa económica individual). Ao contrário, pugnavam pelo individualismo e pela autonomia do indivíduo, que seria livre quer face ao Estado, quer face aos grupos. Daí que os primeiros protagonistas da vida política no nascimento do constitucionalismo tenham sido os cidadãos, mas individualmente, ou seja, não associados em grupos. Só mais tarde haveriam de surgir os partidos políticos, as associações, etc..

Hoje, a participação dos cidadãos em movimentos sociais e em ações de protesto é consabidamente uma atividade democrática, que pode contribuir para aumentar o controlo popular sobre as decisões públicas, modificar a agenda governativa, transformar culturas, politizar grupos e solidificar laços cívicos entre os cidadãos. É por isso que na CRP de 1976 a participação é uma das dimensões do princípio do Estado democrático. Neste contexto emerge, assim, um outro tipo de democracia, além da democracia representativa. Falamos da democracia participativa, que consiste na participação dos cidadãos (ou de organizações sociais) nos procedimentos e na tomada de decisões dos órgãos do poder público. Este tipo de exercício da democracia tem instrumentos próprios, dos quais constituem exemplos as discussões públicas (de projetos de leis, de planos urbanísticos e de outras intervenções coletivas em procedimentos da Administração); a participação de representantes das organizações sociais nos órgãos de direção de serviços públicos (por exemplo, nas escolas); as ordens profissionais; a intervenção dos cidadãos na elaboração dos orçamentos locais, mediante a decisão sobre a aplicação de uma verba orçamental (o chamado «orçamento participativo»).

Em suma, participação política rima com cidadania. No seu originário (ou original) sentido, cidadania significa, justamente, participação na vida da *polis*. Há, por isso, que reter a importante trilogia *cidadania, participação* e *direitos políticos*. Se a essência da cidadania radica na dimensão pública da existência humana, é essencial que se distinga entre a cidadania em sentido restrito (cidadania dos direitos, muito próxima da ideia de nacionalidade, que é um conceito da época moderna) e a cidadania em sentido amplo (em que a cidadania se apresenta com os elementos de direitos, deveres e participação política).

Os direitos políticos (que são direitos individuais de natureza política), na senda do direito clássico de matriz francesa liberal, traduzem-se num *status activus civitatis*, ou seja, são «direitos activos». Nesta ótica, além das associações, dos partidos políticos e/ou dos grupos de pressão, os cidadãos são, também, eles próprios, agentes políticos.

3.2. Direitos políticos e direitos de participação política

Entre os direitos políticos, podemos distinguir entre direitos políticos em sentido restrito e direitos políticos em sentido amplo. Os primeiros consubstanciam-se no direito de sufrágio (ativo e passivo, ou seja, direito de voto e direito de candidatura a cargos públicos). Os segundos são de vária ordem. Constituem exemplos o direito de reunião, o direito de manifestação, o direito de associação (em especial, em partidos políticos), o direito de antena, o direito de petição, o direito de iniciativa popular, o direito de participação em órgãos da administração a nível estadual, regional ou local, e, claro, a própria liberdade de expressão e de opinião.

Estes não são só direitos consagrados na CRP de 1976. São, também, direitos humanos. Na primeira aceção encontramos, além dos direitos de sufrágio ativo e passivo (artigo 49.º [direito de sufrágio] e 50.º [direito de acesso a cargos públicos]), entre outros, os arts. 37.º (liberdade de expressão e informação), 40.º (direito de antena), 45.º (direito de reunião e manifestação), 46.º (liberdade de associação) e 52.º (direito de petição e ação popular). Na segunda aceção, ou seja, enquanto direitos humanos, consultem-se os arts. 18.º a 21.º da Declaração Universal dos Direitos Humanos.

Como facilmente se percebe, no plano interno, isto é, na CRP de 1976, os direitos de participação política surgem logo na primeira categoria de direitos fundamentais. É na Parte I, que se subdivide em três grupos, que se encontram previstos os direitos, liberdades e garantias de participação política.

Um excelente exercício prático será o de verificar quais as petições à Assembleia da República que estão em curso no momento do estudo da matéria. Tal poderá ver-se na página oficial em https://participacao.parlamento.pt/initiatives/.

Os mecanismos de participação política transformaram-se (e transformar-se-ão) imenso pela digitalização (aí incluído o direito de voto). São direitos que hoje existem entre a *internet* e as ruas, não se conseguindo apurar, em cada caso concreto, qual é o grau de relação com os partidos políticos e/ou com outras organizações sociais. Este declínio das formas clássicas de participação, sobretudo na dimensão de associação, que revela a sua substituição por novas formas levanta imensos e desconhecidos problemas, e, por isso, possivelmente perigosos, na medida em que são muito impulsionados pela desorganização das novas estruturas, pela mobilização espontânea e pontual de pessoas, catalisada por eventos mediáticos com um forte peso emocional.

3.3. Direito de voto (direito de sufrágio ativo)

3.3.1. Descrição genérica

O regime democrático rima com a institucionalização de eleições como um dos seus pilares. É preciso, pois, definir quem tem direito de eleger os membros dos novos órgãos do poder político (sufrágio ativo) e quem pode desempenhar funções públicas (sufrágio passivo), que se assumem como elementos chave do funcionamento do sistema. Por isso é habitual dizer-se que as eleições são atos centrais de legitimação numa democracia parlamentar.

Historicamente, num momento em que a instituição do sufrágio universal alastrava na Europa ocidental, o direito de votar em Portugal, depois de uma expansão relativamente precoce na década de 1870, foi restringido uma primeira vez na década de 1890 e depois, novamente, em 1913. O sufrágio verdadeiramente universal só seria adotado em Portugal pela primeira vez em 1974. Foi uma verdadeira conquista do 25 de Abril de 1974. Com efeito, na Constituição vintista (a de 1822), embora a ideia fosse a de afastar o sufrágio censitário, os requisitos para se poder votar ainda eram muitos. Já com a primeira Constituição republicana (a de 1911), a regulação desta matéria seria feita por lei avulsa, o que significou que, embora afastando em definitivo o sufrágio censitário, as regras eleitorais republicanas ficaram ainda bem longe de garantir o sufrágio universal. Seguidamente regeu a Constituição de 1933 e durante este período autoritário as restrições à universalidade do voto mantiveram-se. Em suma, só em 1976 é que todos os cidadãos passaram a ser titulares desse fundamental direito. Por isso, os cidadãos nunca o devem desperdiçar, isto é, abster-se.

Na sua dimensão ativa, o direito de sufrágio, um direito fundamental de participação política, previsto no artigo 49.º da CRP, significa uma declaração de vontade do cidadão, que traduz uma escolha entre várias alternativas.

As refrações deste importante direito surgem em outras normas da CRP de 1976, além do art. 49.º, que concretamente o consagra como direito subjetivo. Estabelece logo o artigo 1.º que a soberania popular se exerce através da vontade popular. Ora, esta exprime-se essencialmente pelo voto dos cidadãos, em eleições e referendos. Também no artigo 10.º, n.º 1 se estatui que «o povo exerce o poder político através do sufrágio *universal*, *igual*, *directo*, *secreto* e *periódico*, do referendo e das demais formas previstas na Constituição» (itálicos aditados). Já na Parte III, relativa à organização do poder político, estabelece o artigo

113.º, n.º 1 que «O *sufrágio directo, secreto e periódico* constitui a regra geral de designação dos titulares dos órgãos electivos da soberania, das regiões autónomas e do poder local» (itálicos aditados).

À luz da CRP de 1976, os princípios fundamentais do sufrágio são então:

- *universalidade*: todos os cidadãos gozam do direito de voto, uma vez atingida a idade eleitoral (18 anos), ressalvadas as exceções constitucionalmente admitidas;
- *liberdade*: os cidadãos têm liberdade *no* votar e liberdade *de* votar, porque, em Portugal, o voto é facultativo e é considerado um dever cívico. Só existe obrigatoriedade para o recenseamento eleitoral, que hoje é automático para todos os cidadãos portugueses residentes em Portugal maiores de 17 anos (sugere-se a consulta da página oficial do portal do eleitor em https://www.portaldoeleitor.pt). De qualquer modo, os cidadãos só poderão exercer o direito de voto se, à data da eleição, já tiverem perfeito os 18 anos;
- *pessoalidade*: o voto é de exercício pessoal, o que implica a intransmissibilidade e a impossibilidade de representação ou procuração; situação diferente são os casos de votação por correspondência, que estão previstos na lei;
- *secretismo*: o voto é exercido em espaço fechado, sem conhecimento de terceiros, de modo a que não se permita a identificação do sentido do voto e sem que ninguém possa ser coagido a revelar o seu sentido de voto;
- *igualdade*: cada cidadão tem apenas um voto e que todos os votos têm o mesmo valor eleitoral;
- *direto*: os órgãos eletivos são escolhidos diretamente pelos cidadãos, sem intermediação de outros entes, como é o caso dos colégios eleitorais («grandes eleitores»);
- *periodicidade*: os órgãos eletivos são eleitos para mandatos de duração limitada, havendo novas eleições pelo menos no final do mandato (cfr., art. 118.º da CRP).

Uma última nota para relembrar, como já dissemos atrás, que o direito de sufrágio, ativo e passivo, é também um direito humano, reconhecido, desde logo, no art. 21.º da Declaração Universal dos Direitos Humanos.

3.3.2. Direito de voto e digitalização

A digitalização tem provocado imensas alterações no modo como atuamos juridicamente e tal também pode vir a manifestar-se no exercício do direito de voto. A admissibilidade do voto eletrónico é uma das questões atualmente presente no debate público. A favor são aduzidas as vantagens da simplicidade, celeridade e praticidade, que poderiam contrariar os níveis de abstenção eleitoral. Mas, contra, surgem todos os riscos associados à integridade dos resultados eleitorais. Desde logo, porque quando falamos de voto eletrónico podemos estar a pensar em eleição eletrónica presencial ou eleição eletrónica remota. Os problemas que estes dois procedimentos levantam são naturalmente diferentes. O voto eletrónico presencial significa manifestação da vontade através de uma máquina em lugares de votação predefinidos («urnas eletrónicas», mas com manutenção do caráter presencial do voto). Este sistema já é hoje usado nos Estados Unidos e no Brasil. Já o voto eletrónico remoto consiste na utilização de tecnologias para qualquer cidadão poder votar em qualquer lugar (o sistema foi testado na Noruega que, entretanto, retrocedeu por problemas relacionados com a fiabilidade dos resultados eleitorais).

3.4. Referendos

Um outro modo de expressão política, além das eleições, é o referendo, que foi introduzido, na CRP de 1976, com a revisão constitucional de 1989 (referendo político-legislativo: art. 115.º CRP). O referendo local já havia sido introduzido com a revisão constitucional de 1982 (art. 240.º CRP). A revisão constitucional de 1997 haveria ainda de prever o referendo regional (art. 232.º, n.º 2 CRP). Assim, atualmente, à luz da CRP de 1976, o voto dos cidadãos pode exprimir-se em atos eleitorais ou em referendos e o referendo é, hoje, um instrumento de decisão popular a todos os níveis do poder político (nacional, regional, local).

A convocação dos referendos é sempre facultativa, exceto no caso do referendo sobre a instituição em concreto das regiões administrativas, que só podem efetivar-se através deste mecanismo (art. 256.º CRP).

Os referendos são sempre convocados com natureza vinculativa, mas só a adquirem efetivamente se tiverem a participação de mais de metade dos eleitores (art.115.º, n.º 11 da CRP). Na falta desse quórum, eles transformam-se numa simples consulta popular, embora o resultado possa ter uma leitura política.

Os referendos não podem ter por objeto diretamente nem um texto legal, nem uma convenção internacional, mas apenas uma (ou mais) questões políticas concretas que depois possam determinar a aprovação (ou não) de uma lei ou de uma convenção internacional. A questão colocada aos eleitores só pode consistir numa alternativa entre «sim» ou «não» em relação a uma determinada proposta (art. 115.º, n.º 6).

Quanto aos limites materiais, o referendo só pode incidir sobre matérias da competência da Assembleia da República ou do Governo que possam ser objeto de lei ou convenção internacional (art. 115.º, n.º 3), mas não pode incidir sobre alterações à Constituição, matérias de natureza orçamental, tributária ou financeira e todas as matérias referidas nos arts. 164.º e 165.º CRP.

Os referendos nacionais são convocados pelo presidente da República, sob proposta da assembleia da República ou do governo, conforme a matéria que será objeto de referendo. A assembleia da República pode fazer a proposta por iniciativa dos deputados e grupos parlamentares, do governo, ou, ainda, por iniciativa de grupos de cidadãos (art. 115.º, n.º 2 CRP). A fiscalização da constitucionalidade é obrigatória, tendo de ser pedida pelo Presidente da República antes de convocar o referendo.

Como já se disse, a CRP admite, hoje, referendos ao nível das regiões autónomas e das autarquias locais, que, obviamente, só podem incidir sobre temas que caibam dentro da sua esfera de atribuições. No referendo regional (art. 232.º, n.º2), a iniciativa cabe às respetivas assembleias regionais e a convocação cabe ao Presidente da República. No referendo ao nível das autarquias locais, a Constituição remete para a lei o seu regime (art. 240.º CRP).

3.5. Partidos políticos

Os partidos políticos são uma das expressões de um direito fundamental de natureza política mais genérico - o direito fundamental de associação, que, na CRP de 1976, está previsto no art. 46.º. Com efeito, o direito de associação pode manifestar-se através de diversos tipos de associações: associações culturais, desportivas, religiosas, sindicatos, além das associações partidárias, gozando muitos delas de proteção constitucional específica.

Os partidos políticos distinguem-se de figuras afins (por exemplo, dos grupos de pressão e/ou grupos de interesse). Numa sociedade politicamente organizada existem diferentes interesses (profissionais, culturais, religiosos, etc.). Assim, a agregação dos membros isolados desses interesses efetua-se através de «grupos de interesse» ou de «grupos de pressão». São bem nossos conhecidos os de caráter associativo (sindicatos, associações económicas, etc.) ou institucional (igrejas, por exemplo).

Os partidos políticos, enquanto associações (de direito privado), são dotados de personalidade jurídica, constituídas por tempo indeterminado, com a característica específica de terem cariz político, e por isso possuírem como fim a divulgação dos seus ideais, a representação política e a participação no funcionamento do sistema de Governo e na designação dos titulares dos órgãos. Numa outra formulação, podemos dizer que são associações de direito privado, autónomas e duradouras, que prosseguem, com o apoio popular, um conjunto de fins políticos, definidos pelos respectivos membros. Há várias e diferentes definições de partido político, *inclusive* dentro da doutrina portuguesa. Mas, são traços comuns dessas definições: o facto de serem organizações duradouras de pessoas politicamente motivadas, na base de interesses, convicções e objetivos comuns, com o escopo de participar nos processos eleitorais, e em outros processos políticos, e de intervir nos órgãos de poder político, sobretudo no parlamento e no governo.

Atualmente, a grande maioria dos Estados, com maior ou menor profundidade, prevê em algum tipo de disposição constitucional relativa a partidos políticos. Mas, historicamente, os partidos políticos só começaram a ser uma realidade no plano normativo no início do século XX, tendo passado a ganhar projeção a partir da década de 30 do século XX (com a afirmação do Estado de Partidos). Começaram a ser constitucionalizados a partir da II Grande Guerra (constituições italiana de 1947 e alemã de 1949, por exemplo). Com efeito, os mecanismos de representação política do Estado Liberal prescindiam da organização de associações para que os cidadãos concorressem a atos eleitorais. A razão é simples: a filosofia vigente assentava na ideia do indivíduo enquanto autêntico e único protagonista e na separação estrita do Estado e sociedade. Note-se que a primeira Constituição portuguesa que prevê a liberdade de associação dos cidadãos é apenas a Constituição de 1838. A ideia da necessidade de estabelecer uma relação entre eleitores e eleitos começou depois a ser sentida, tendo inicialmente surgido como grupos de apoio à atividade parlamentar. Ou seja, o nascimento dos partidos políticos está ligado ao nascimento do sistema de Governo liberal-representativo subsequente às revoluções liberais e à consequente possibilidade de expressão política de diversos interesses sociais e diferentes perspetivas ideológicas através das eleições para o parlamento. Posteriormente, estes grupos evoluíram para comités eleitorais. E, mais tarde, deu-se a transformação desses comités em partidos políticos.

Em Portugal, o 25 de Abril e a Constituição de 1976 deram um grande protagonismo ao direito de associação e aos partidos políticos. Logo com a aprovação do Decreto-lei n.º 406/74, de 29 de agosto, regulamentou-se o direito de reunião e aflorou-se o exercício do direito de associação. Depois, os Decretos-lei n.º 594/74 e 595/74, ambos de 7 de novembro - repare-se que são todos diplomas anteriores à aprovação da Constituição de 1976 - reconhecem o direito de associação e regulam a atividade dos partidos políticos em Portugal.

Na CRP de 1976, os partidos políticos são diretamente previstos:

- no artigo 10.º, na epígrafe e no n.º 2: sufrágio e partidos políticos;
- no artigo 51.º: associações e partidos políticos;
- no artigo 114.º: partidos políticos e direito de oposição.

Logo com a consagração no artigo 10.º se percebe a ligação entre os partidos e a concretização do princípio democrático: o poder político pertence ao povo, que exerce o direito de sufrágio, mediante partidos políticos.

O direito fundamental de constituição de associações e partidos políticos, previsto no artigo 51.º da CRP, foi sendo alvo de alterações por via das revisões constitucionais. É ao Tribunal Constitucional que compete verificar a legalidade da constituição de partidos políticos e suas coligações, bem como apreciar a legalidade das suas denominações, siglas e símbolos (nos termos da Constituição e da lei). Hoje, os limites impostos à formação de partidos políticos podem resultar:

- da proibição de partidos políticos armados, de tipo militar, militarizados ou paramilitares, partidos racistas ou que perfilhem a ideologia fascista (cfr., art. 46.º, n.º 4);
- da proibição de uso de denominações, siglas e símbolos que, sem prejuízo da filosofia ou ideologia inspiradora do seu programa, contenham expressões diretamente relacionadas com quaisquer religiões ou igrejas, bem como emblemas confundíveis com símbolos nacionais ou religiosos (cfr., art. 51.º, n.º 3);
- da proibição de que da designação, dos estatutos, do programa político ou da declaração de princípios resulte que o partido tenha índole ou âmbito regional (art.º 51º, n.º 4);
- exige-se uma gestão democrática interna (art. 51.º, n.º 5).

Ainda relacionado com a criação de partidos políticos, anda, genericamente, associada a questão da proibição de formação de partidos políticos (matéria inserida nas Constituições após a II Grande Guerra). Como acabamos de ver, em Portugal, não podem existir partidos com ideologia fascista e/ou racista (art. 46.º, n.º 4).

Relativamente a este aspeto, é incontornável a referência, ainda que muito breve, à noção da ciência política de Karl Loewenstein de «democracia militante», que se traduz num conjunto de medidas, preventivas e reativas, contra movimentos antidemocráticos. Esta noção, ainda que não seja propriamente acolhida na CRP de 1976, relaciona-se, como é óbvio, com as regras constitucionais e legais de extinção de partidos políticos enquanto mecanismos de proteção da ordem constitucional.

Esta é uma matéria que tem assumido algum protagonismo no âmbito do Conselho da Europa e da jurisprudência do Tribunal Europeu dos Direitos Humanos. Por um lado, a Comissão de Veneza (*European Comission for Democracy Through Law*) adoptou, em 1999, um conjunto de «linhas orientadoras sobre a proibição e dissolução de partidos políticos e medidas análogas». Por outro, o Tribunal Europeu dos Direitos Humanos vem proferindo numerosos acórdãos sobre o tema, tendo inaugurado esta sua jurisprudência em 1957 (relativamente a uma queixa apresentada pelo Partido Comunista Alemão - KPD). Aconselhamos a que os estudantes tomem contacto com a jurisprudência do Tribunal Europeu dos Direitos Humanos, nomeadamente nesta matéria, lendo a decisão *Party for a Democratic Society (DTP) and Others vs. Turkey,* de 12 janeiro 2016. O acórdão está disponível na base de dados de jurisprudência do TEDH em https://www.echr.coe.int/hudoc-database.

Como autênticos protagonistas da vida associativa democrática, os partidos podem ser objeto de financiamento público (cfr., art. 51.º, n.º 6 CRP), mas ficam sujeitos a regras de transparência (nesse seu financiamento) e a um controlo de gestão financeira pelo Tribunal Constitucional. O modelo português de financiamento é o clássico europeu, isto é, tem um peso acentuado de financiamento público, que, além de subvenções públicas para as actividades ordinárias e as campanhas eleitorais, contempla, ainda, isenções e benefícios fiscais. Uma nota adicional para recordar que se é certo que o modelo tradicional de partidos políticos que se financiam em grande parte das contribuições regulares de seus membros está em declínio, essa mudança pode criar, não só novas oportunidades para a corrupção, mas, também, para o declínio da independência dos partidos políticos.

4. Algumas pistas para pensar: estará a democracia representativa em crise?

Um dos grandes problemas que todo o sistema da CRP de 1976, acabado de descrever, enfrenta é o facto de a democracia representativa poder estar a enfrentar uma crise. Tal é verdadeiramente preocupante, uma vez que este foi o tipo de democracia opção constitucional primordial dos Constituintes em 1976. Recordemos que dois dos principais órgãos do poder político (presidente da República e assembleia da República) estão sujeitos a mecanismos de eleição popular.

Este tipo de democracia, a democracia representativa, descansa sobre o conceito da representação política. Após os fundamentos lançados por Montesquieu, Sieyès estabeleceu a distinção entre democracia e governo representativo. Nesta linha discursiva, falar de democracia representativa implica que falemos também de partidos políticos. Ora, um dos traços dos nossos dias é o da chamada ingovernabilidade, o que, consequentemente, se traduz numa crise da democracia representativa. Por isso, é legítimo que nos perguntemos: o que sucedeu com as fundações deste tipo de democracia? As respostas são várias, mas entre elas encontram-se, seguramente, a maior heterogeneidade de interesses resultantes dum crescente pluralismo social e a incapacidade de os governos responderem eficazmente aos problemas sociais.

Sem pretendermos ser exaustivas, permitimo-nos lembrar várias crises a que hodiernamente assistimos:

- crise da efetividade e eficácia do poder público, o que gera um enfraquecimento do poder de governo, provocado pela desterritorialização do poder, pela tecnocratização da decisão política e pelo surgimento de estruturas transnacionais de regulação;
- crise das instituições da democracia parlamentar, fruto de apelos à legitimação carismática (por exemplo, presidencialização da política) e ao impacto das lógicas mediáticas, que acentuam a personalização, a desconfiança e a dramatização da política (sobretudo através das redes sociais);
- crise de cultura cívica, onde se ancoravam as instituições da democracia liberal, o que enfraquece a cidadania e a participação política dos cidadãos;
- crise da representação política, criada simultaneamente por uma lógica de audiências e pelo esquecimento das pessoas em concreto;
- crise dos partidos políticos e do governo de partidos, em virtude da corrupção, do aumento da abstenção ou da volatilidade eleitoral e do reforço de discursos antissistema;
- crise da política democrática devido ao aumento da conflitualidade, à fragmentação, à pulverização de interesses e à incapacidade de conciliação desses múltiplos interesses em torno da articulação de um bem comum.

A estas crises associam-se refrações no âmbito dos órgãos de soberania, de que constituem bons exemplos alguns excessos de competência do poder executivo (isto é, dos governos) e o risco da politização do poder judicial, através do ativismo judicial.

O cenário não é famoso e há várias medidas que poderão ajudar a superar estas crises.

De entre elas, visualizamos:

- o recentramento dos parlamentos;
- o controlo sobre o poder executivo;
- a ativação da cidadania política;
- a modernização dos partidos políticos;
- a democratização do poder local;
- a proteção do pluralismo e da solidariedade intergeracional;
- reformas legislativas ao nível do sistemas eleitoral, dos partidos políticos e do estatuto dos deputados.

Quando se fala de crise(s) é comum associar a ideia de que, então, é preciso rever a Constituição. Não estamos certas de que seja necessariamente assim. Além disso, uma revisão constitucional pode ter várias extensões. De qualquer modo, queremos deixar registado que, ao longo de mais dos 50 anos em que a Constituição tem vigorado, têm surgido muitas ideias, debates e discussões sobre matérias relativas à organização do poder político que seria necessário rever. De entre elas incluem-se, entre muitas outras, o número de deputados, o sistema eleitoral para a assembleia da República, o lugar do referendo no sistema político, o monopólio partidário da representação política e as candidaturas independentes dos partidos, a consagração de moções de censura construtiva, o modo de designação, composição e poderes dos órgãos de autogoverno da magistratura.

www.ingramcontent.com/pod-product-compliance
Lightning Source LLC
LaVergne TN
LVHW050820051026
849532LV00008B/3037
* 9 7 8 9 8 9 2 6 2 8 9 4 3 *